MERHABA KANKİ

Yazan: **ELİF ÇİFTÇİ YILMAZ**

Resimleyen: **EDA ERTEKİN TOKSÖZ**

FLOKİ

ÇocuK

Ege, çalan telefonun sesi ile uyandı. Babası içeriden seslendi: "Ege, kuzenin seni arıyor!"

Yatağından kalkan Ege, kuzeni Arda ile telefonda konuştu. Kuzeni çok mutluydu, çünkü babası ona bir sürpriz yapmıştı.

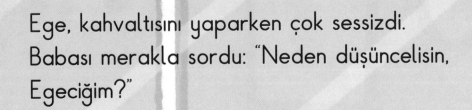

Ege, kahvaltısını yaparken çok sessizdi.
Babası merakla sordu: "Neden düşüncelisin,
Egeciğim?"

Ege, "Babacığım, Arda'ya babası yavru bir kedi almış." dedi. "Keşke benim de bir hayvan dostum olsa."

Babası gülümseyerek "Olabilir, bunu bir düşünelim." dedi.

Ege, kahvaltısını tam bitirmişti ki Melis aşağıdan seslendi: "Ege, haydi gel oyun oynayalım!"

Bahçede oynarlarken Ege, "Melis, bize bir arkadaş daha gelecek." dedi.

Melis merakla, "Peki kim?" diye sordu.

O sırada cılız bir "Hav! Hav!" sesi duydular. Melis etrafına bakınarak "Bu bir yavru köpek!" dedi.

Yavru köpek yoldaki arabaların arasında kalmıştı.

Melis koşarak dedesine haber verdi. Dedesi yavru köpeği yoldan alıp "Yaralandın mı sen yavru köpekçik?" diye başını okşayıp sevdi. Köpekçik patisinden yaralanmıştı.

Melis, "Dede, iyi olacak mı?" diye sordu.

Dedesi de "Merak etmeyin, hemen veterinere götürürüz." dedi.

Veteriner, yavru köpeğin patisini sarıp aşılarını yaptı.

Veterinerden dönünce Ege ile Melis,
bahçede köpekçikle oynamaya başladılar.
Yavru köpeği çok seven Melis, "Dede,
bizimle kalabilir mi?" diye sordu.

Dedesi, "Ona çok iyi bakacağınıza
eminim." dedi.

Babası Ege'ye, "Ege, sana hayvan dost satın almamı hâlâ istiyor musun?" diye sordu.

Ege gülümseyerek "Hayır, satın almayalım. Biz Melis'le bu yavru köpeği sahiplenmek istiyoruz." dedi.

Hep birlikte bahçede yavru köpeğe kulübe yaptılar. Yavru köpek neşeyle kulübesine girdi. Melis ile Ege ona süt verdi. Köpekçik artık çok mutluydu.

Ahmet Dede heyecanla, "Ama çocuklar, köpekçiğe isim vermeyi unuttunuz!" dedi.

Ege, "Buldum! Onun adı 'Kanki' olsun!" dedi neşeyle.

Yavru köpek heyecanla kuyruğunu salladı.

Melis, "Aramıza hoş geldin Kanki!" dedi.

Dedesi, "Aferin çocuklar. Hayvanlar bizim dostlarımızdır, onları sevip korumalıyız." dedi.

Ahmet Dede, iki arkadaşın ve minik köpek Kanki'nin fotoğrafını çekti. Neşeyle resmi fotoğraf günlüklerine yapıştırdılar.

Yeni arkadaşları Kanki ile başladılar şarkı söylemeye...

Haydi, onlar ile birlikte sen de söyle!

Koru - sev hayvanları

Emektar köpek,
Sürüyü korur,
Küçük minnoş kedi,
Evin neşesi olur.
İnsanların dostları,
Koru, sev hayvanları,
Doğanın bir parçası,
Onların da var hakları.
Vızır vızır arılar,
Tatlı bal yapar.
O minik karıncalar,
Harıl harıl çalışır.
Bayatlarsa ekmekler,
Sakın atma onları,
Ufala Ufala...
Besle haydi kuşları.